儿童研学旅游必

谪仙人李白诗魂和故里

陈岳 / 主编　廖绪能 / 副主编
陈磊 / 编著

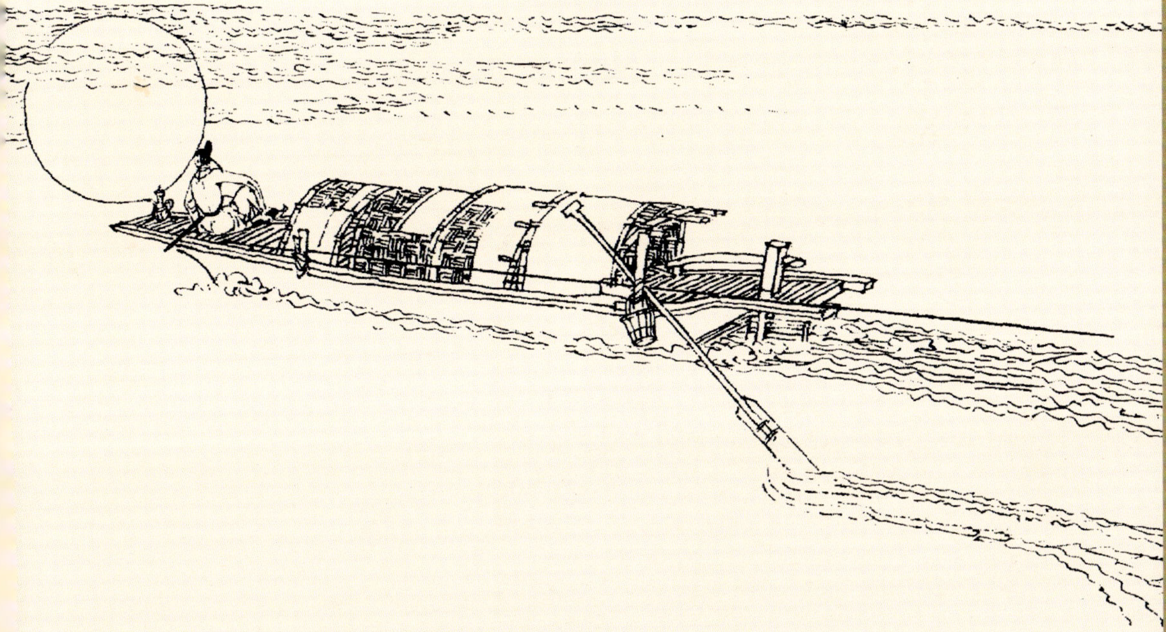

四川少年儿童出版社

目　录

目　录

绣口一吐就半个盛唐

翻开这本书，开启一次朝圣之旅。

你推开的是一扇通往盛唐的大门。门后是青莲镇的月光，是大匡山的云雾，是长江的怒涛，是蜀道的险峻。更是一个醉卧云端的灵魂，用诗丈量天地的足迹。

地球上凡有华人处，无人不知李白，但知道他自号的人并不多。青莲居士，宛若一朵不染俗尘的莲花，盛开在盛唐的锦绣山河。

他的诗，是月光酿成的酒、是剑气凝成的霜、是长风卷起的云、是银河倾泻的瀑；是天地间最自由不羁的灵魂，在笔墨间纵情舞蹈。

他爱酒，“酒入豪肠，七分酿成了月光，余下的三分啸成剑气，绣口一吐就半个盛唐”（余光中《寻李白》）。

他爱月，“举杯邀明月，对影成三人”。月光是他永恒的知己，见证着他的孤独与狂放。

他爱剑，“十步杀一人，千里不留行”。剑气纵横三万里，书写着他的侠骨与柔情。

孕育出李白独特灵魂和鲜活个性的，是四川江油的灵山秀水，是青莲镇梦幻般的月光；是盛唐令人向往的气象，是他儿时丰满的理想和最终落空的愿望。

要想读懂李白的诗，首先必须读懂李白，读懂孕育他的生长环境，以及铺满他人生足迹的那片土壤。

因此，翻开这本书，也是在进行一场寻仙之旅。

你将跟随书中文字和李白的诗句，陪他醉卧云端，对月当歌，仗剑天涯，快意恩仇；追寻他的足迹，聆听他的呼吸，感受他的心跳，靠近那个不羁的灵魂。

与此同时，你还将领略盛唐气象，鉴赏诗歌魅力，理解自由真谛。

相信你一定不虚此行！

梅凯　绘画

李白行吟图　（宋）梁楷　绘

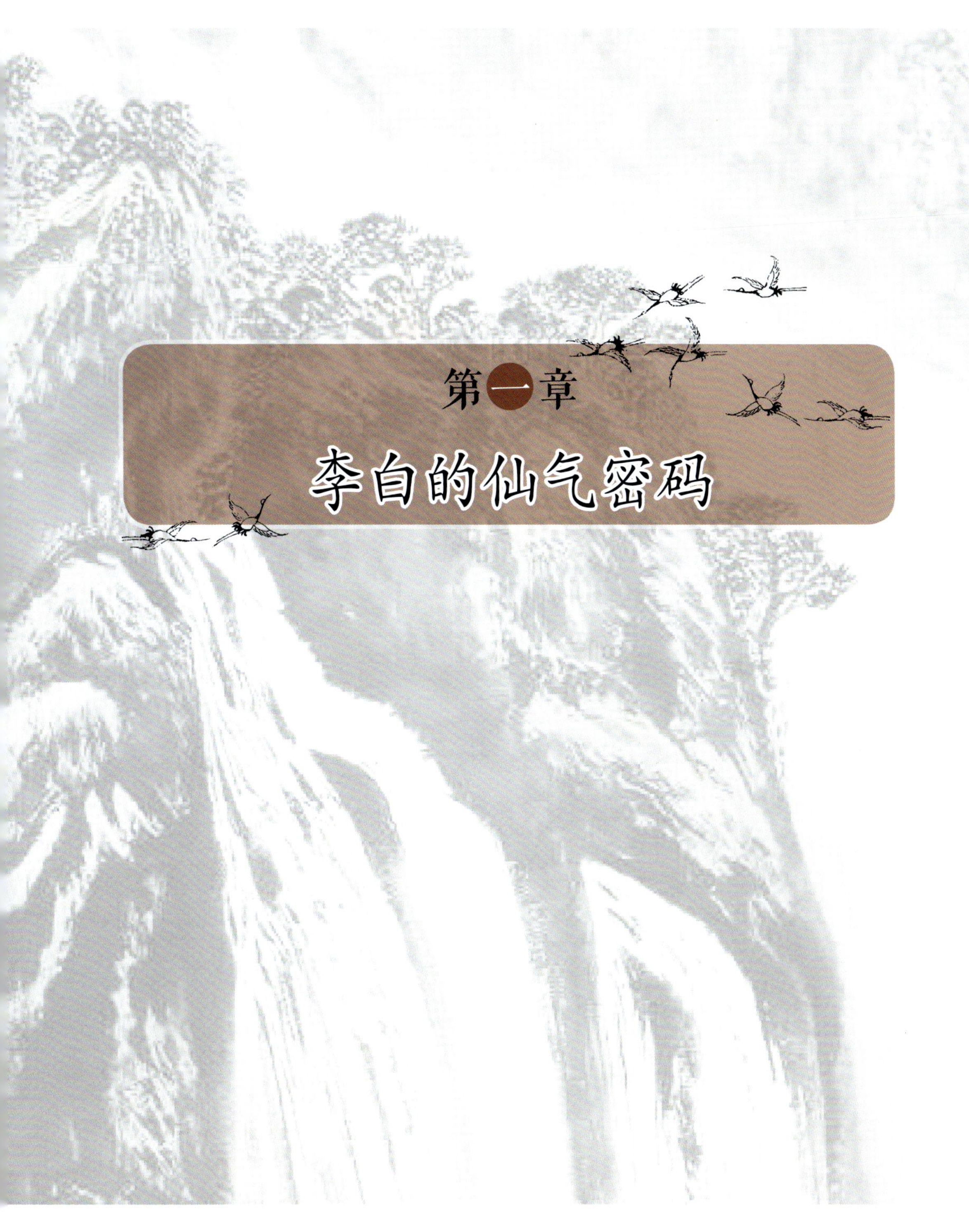

第一章

李白的仙气密码

“谪仙人”这个绰号是谁取的

那是大唐一个阳光明媚的午后，一位长须老者在紫极宫（长安城中著名的道观）遇到一个年轻后生，闲聊中得知后生是从蜀中出来游历的李白，长须老者喜不自禁，欣然报出自己的名号：“四明狂客”贺知章。

两人虽是初次见面，但彼此都不陌生。

贺知章在大唐诗圈声名显赫，是浙江历史上第一位有资料记载的状元，而且年长位高（据考证，此时已年逾八旬，正担任太子宾客、银青光禄大夫兼正授秘书监之职），再加上嗜酒，贺老在长安城几乎无人不晓。

在贺老眼里的“后生”李白其实也不年轻了，已经四十多了。跟许多来长安“干谒”的年轻人一样，当李白得知面前的长须老者就是贺知章时，自然也喜出望外。

所谓“干谒”就是因为各种原因不能参加科考或者科考失利，却又对自己的才华颇为自负的人，怀揣着最能代表自己水平的诗文，想方设法将其直接或间接递到一些有身份地位、说话有分量的人手中，希冀获得他们的认可，从而被推荐给朝廷。

贺知章无疑就是有身份地位、说话有分量的那种人。

一番寒暄之后，两人携手来到附近的酒肆“醉仙楼”，边喝边继续聊。聊天的主题无非两个：一是酒，一是诗。李白将随身携带的“干谒”诗掏出来递给贺老。贺老眯缝着眼睛看得很仔细，嘴里还轻声吟诵着。刚读了几句，贺老便站了起来，边踱步边吟诵，声音越来越大。

问君西游何时还？畏途巉岩不可攀。
但见悲鸟号古木，雄飞雌从绕林间。
又闻子规啼夜月，愁空山。

蜀道之难，难于上青天，使人听此凋朱颜。

贺老读罢，连声呼道："好诗！好诗！"

李白心里很舒坦，但还是表现出谦虚的样子，急忙拱手："贺监谬赞！"

"非也，非也！噫吁嚱，危乎高哉！蜀道之难，难于上青天！"贺老还沉浸在李白的诗意中，"此句只应天上得，遍访人间无处寻！"

"晚辈惶恐！"

贺老打量着李白，半开玩笑地说："你真的是人吗？莫不是天上下来的'谪仙人'吧？哈哈哈！"

"谪仙人"原指被贬谪到凡间的神仙，后来用来形容才情高超、清越脱俗的人物，说他们如同被贬居人间的仙人。贺老用"谪仙人"形容李白，说明他对李白的诗推崇备至。

不单是诗，在饮酒方面贺老跟李白也格外投缘，两人第一次见面就喝得酣畅淋漓。身上带的钱用光了，贺老毫不犹豫便解下腰间系着的金龟（唐代三品以上官员的一种佩饰）来换酒。这就是传说中的"金龟换美酒"的故事。

叶毓中 绘

两年后，贺知章因病告老还乡，因为离家太久，老家的小孩子都不认识他了。

少小离家老大回，
乡音无改鬓毛衰。
儿童相见不相识，
笑问客从何处来。

（贺知章《回乡偶书二首·其一》）

回乡偶书　沈道鸿　绘

不久，贺老便在孤独中去世了。

得知这个消息时，李白正在会稽（今浙江省绍兴市）游历，难过之余只能用诗歌来表达情感。李白在《对酒忆贺监二首》中写道：

太子宾客贺公，于长安紫极宫一见余，呼余为“谪仙人”，因解金龟换酒为乐。殁后对酒，怅然有怀，而作是诗。

四明有狂客，风流贺季真。
长安一相见，呼我谪仙人。
昔好杯中物，翻为松下尘。
金龟换酒处，却忆泪沾巾。

译文：四明山中曾出现过一个狂客，他就是久负风流盛名的贺季真。在长安头一回见面，他就称呼我为天上下凡的仙人。当初是喜爱杯中美酒的酒中仙，今日却已变成了松下尘土。每每回想起他当初用金龟换酒的情形，我就忍不住悲伤地泪湿衣襟。

“大唐顶流”李白为何能一直占据C位

唐代诗坛群星闪耀。唐朝中期，王维、孟浩然、元稹、白居易的诗风很受推崇，一度盖过了李白和杜甫的光芒。这时，一个叫韩愈的人站了出来，高喊着“李杜文章在，光焰万丈长”，让大家不得不重新审视李白和杜甫。

这个韩愈并非凡人，而是身居“唐宋八大家”之首的重磅人物。

于是，一种共识慢慢形成：纵观唐代诗坛，真正的顶流唯李杜而已！

虽与李白齐名，被誉为“诗圣”的杜甫其实对李白佩服得五体投地。他曾说“白也诗无敌”，除了谦虚，还有发自内心的崇拜。

“诗魔”白居易称李白的文章“惊天动地”，苏轼也说：“李白当年流夜郎，中原无复汉文章”。意思是想当

年李白被流放夜郎，中原就不再有汉朝时的好文章。陆游也用一首诗赞李白：“饮似长鲸快吸川，思如渴骥勇奔泉”。意思是夸赞李白饮酒如长鲸吸川般豪爽，才思敏捷如同口渴的骏马急切地奔向甘泉。

唐宋两朝是中华文化繁荣、辉煌和鼎盛时期，这个时期的人都推崇李白，紧随其后的元、明、清各朝，李白也始终牢牢占据着大唐诗坛的C位，无人可以动摇其地位！

清朝的乾隆皇帝更痴迷，他在李白唯一流传下来的书法

李白唯一流传下来的书法真迹《上阳台帖》

真迹《上阳台帖》上狂盖了五十多个印章，以此表达喜爱和膜拜之情。

仔细分析诗仙永不掉线的秘诀，其实不难发现，李白堪称“反内卷鼻祖”，工作说不要就不要了，只要诗和远方。

李白更是动不动就嚷道：“天生我材必有用！……我辈岂是蓬蒿人！”可谓自信心爆棚！

今天更以李白为唐诗，乃至整个中华民族诗歌的象征。当然，其中最重要的原因是，李白不仅是唐朝“热搜榜”常驻选手，其作品还是历代启蒙课本中的首选，想不火都难！

李白最具“仙气”的三首诗

被贺知章戏称为“谪仙人”的李白，被后世称为“诗仙”。诗仙者，天纵奇才也！下面不妨先来欣赏几首李白最具“仙气”的诗作。

《望庐山瀑布》

话说在大唐开元年间，风华正茂的李白，一心想着“寰区大定，海县清一”。因无法参加科考，李白无奈走上“干谒”之路。于是，这个二十岁出头的小伙子便离开江油老家，开启了“全国巡回旅游写诗”模式。

因为家境富裕，年轻的李白想去哪儿就能去哪儿。途中，他听说庐山风景美不胜收，于是二话不说拎着酒壶就直奔而去。爬到半山腰，一阵轰隆隆流水声破空而来，他举目眺望——远处山顶云蒸霞蔚，烟雾缭绕，一条银练似的瀑布

飞流直下三千尺　傅抱石　绘

从云端直接砸下来，那景象简直难以用语言来形容。

李白一口气将酒壶中的酒饮尽，心道：此时不写诗，更待何时？

心念刚动，就有诗句如泉水般涌入李白脑海，他张开双臂，高声吟诵：

日照香炉生紫烟，
遥看瀑布挂前川。
飞流直下三千尺，
疑是银河落九天。

译文：太阳照耀香炉峰，生出袅袅紫烟，远远望去，瀑布像长河悬挂山前。三千尺水飞流直下，莫非是银河从九天垂落山崖间。

可以毫不夸张地说，这首《望庐山瀑布》堪称史上最早的“文旅宣传爆款”文案，直接把庐山送上唐榜热搜TOP1，让庐山从地理名词升级为文化IP，成为“一首诗养活一座山”

的经典案例。直到今天去庐山旅游，依然可以听见导游卖力吆喝：“快来看啦！这就是李白写诗赞颂过的庐山瀑布！”

这首诗将庐山瀑布比作银河倾泻，营造出恢宏壮丽的仙境景象。香炉峰上的紫烟，仿佛是仙界丹炉的袅袅青烟，为全诗增添了神秘色彩。其夸张的手法将瀑布的雄伟气势展现得淋漓尽致。其语言简洁明快，意境深远，令人仿佛置身仙境，被公认是李白最具“仙气”的诗作之一。

《夜宿山寺》

由于年代过于久远，李白一些诗作的准确创作时间和地点都存在争议。比如《夜宿山寺》这首诗，有人认为写的是湖北黄梅县蔡山峰顶的江心寺；有人认为写的是绵州（今四川省绵阳市）越王楼，原名叫《上楼诗》（或称《登楼诗》）；有人认为写的是蓟州（今天津市蓟州区）乌牙寺，原名为《夜宿乌牙寺》。

关于这首诗的创作时间，对比各方证据，从该诗的风格、内容、表达上来看，说是李白少年之作或许更加可信。

公元656年，唐太宗李世民的第八子越王李贞时任绵州

刺史，他在参考了长安、洛阳诸多王府的营造规划方案后，根据龟山的地形地貌依山取势，历时八年，耗资五十万两白银，建成一座堪与黄鹤楼、岳阳楼和滕王阁并称为“唐代四大名楼”的越王楼。

越王楼建成后，当地达官显贵每年都要在此举行盛大夜宴，载歌载舞，咏叹盛世。李白的父亲李客在当地经商，生意做得很大，靠着赚来的钱，李客结交了许多权贵，因此有机会把尚未成年的儿子带去登楼。

李白虽然年幼，但在当地已小有名气。见李白跟着父亲一起来了，宾客们就让他当众写首《上楼诗》，说说自己的感想。对于李白这样的外向型人格的人来说，自然不会错过这个露脸的机会。李白几乎没多想，当即开口高声吟道：

危楼高百尺，手可摘星辰。
不敢高声语，恐惊天上人。

译文：眼前这座楼可真高啊，好像足足有一百尺的样子。人在楼上一伸手就可以摘下天上的星星。站在这

叶毓中 绘画

里，我甚至不敢大声讲话，担心惊动天上的神仙。

可以想象，当李白吟诵出这首诗时，在场的人该是如何震惊！若是现在，大家必定会抢着发“大唐朋友圈”，主动要求跟李白合影以示关系亲密。景区也肯定会将李白和这首诗与自己进行强绑定，借此蹭流量。

这首诗以夸张的手法，将高楼的巍峨耸峙描绘得活灵活现，仿佛与天界仅一步之遥。身处高楼，感觉只要把手一伸便可摘取星辰。因为隔太近，说话都不敢太大声，怕把神仙给吓着了。这首诗之所以更偏向是李白儿时的作品，一是从内容与诗名的贴合程度看，《上楼诗》比《夜宿山寺》更准确；二是诗中自带一种童趣，更像是出自少年之手。

此诗浅显易懂，意境生动，也被认为是李白最具“仙气”的诗作之一。

《梦游天姥吟留别》

贺知章初见李白便惊为天人，自然会很卖力地将他推荐给玄宗皇帝。玄宗皇帝一向以爱才自诩，就让李白担任翰林院供奉（也叫翰林待诏），相当于留在身边的御用文人，整天让李白给自己写些吹捧歌颂的华文艳词。

李白一夜之间就成了“文青天花板”，让很多人羡慕。但因无法实现自己的政治抱负，李白一点儿也高兴不起来，终日借酒浇愁，还差点儿把自己给整抑郁了！更要命的是，他对皇帝身边的红人也不肯给个好脸，那些人自然也不会说他的好话。

总听身边人数落李白的不是，玄宗皇帝也不想再留他，于是御笔朱批“赐金放还”，名义上是厚赏，实则是体面驱逐。

虽然丢了工作，但朝廷给的遣散费多得吓人，李白拿着钱就继续游山玩水去了。“世界那么大，我想去看看。”他先跟杜甫、高适游梁、宋、齐、鲁等地，然后写了一首记梦诗扔给朋友，自己又一次踏上了漫游的旅途。

这首诗就是《梦游天姥吟留别》。

海客谈瀛洲，烟涛微茫信难求。
越人语天姥，云霞明灭或可睹。
天姥连天向天横，势拔五岳掩赤城。

天台四万八千丈，对此欲倒东南倾。
我欲因之梦吴越，一夜飞度镜湖月。
湖月照我影，送我至剡溪。
……
世间行乐亦如此，古来万事东流水。
别君去兮何时还？
日放白鹿青崖间，须行即骑访名山。
安能摧眉折腰事权贵，使我不得开心颜！

译文：航海的人提起瀛洲，都说在烟波浩渺的地方，实在难以找到。越中人说起天姥山，有时在云雾忽明忽暗间可以看见。（接下来省略×××字，总之描写的就是李白根据越中人的描述，在梦中游历镜湖、剡溪，攀登天姥山的情景。最后梦醒了，梦中的一切全都消失了，于是李白发出感叹，说人世间的欢乐也像梦中的幻境，自古以来万事都像东流的水一样一去不复返）

李白在这首诗的末尾明确表示，我岂能卑躬屈膝去侍奉权

贵，这样会使我脸上和心头都很不痛快！

这首诗通过对梦境的叙述，既描绘了天姥山的雄伟壮观，展现了诗人对仙境的向往，又借景抒情，表达了对美好的东西稍纵即逝的无奈，以及对权贵的蔑视和憎恶。

据很多人考证，李大诗人一生可能都没去过天姥山！但是这并不妨碍天姥山因李白的这首诗而蜚声天下。李白笔下的天姥山宛若蓬莱仙境中的名山，诗中瑰丽的想象和开阔的意境让人读之即有身临仙境的感觉，将此诗列入李白最具“仙气”的诗作之一，可谓恰如其分。

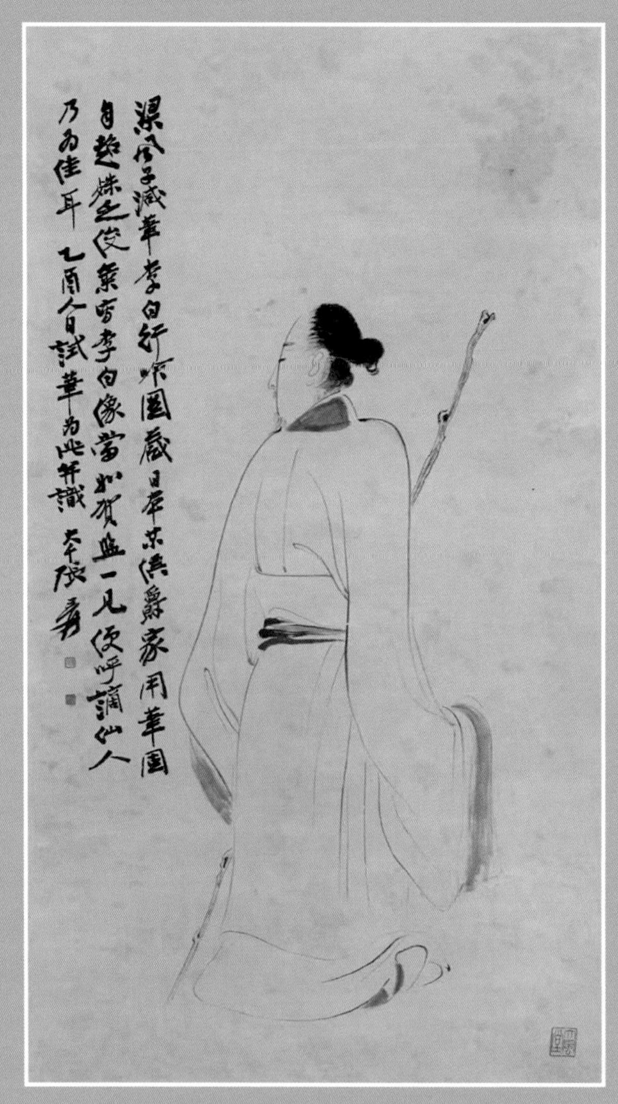

李白行吟图　张大千　绘

第二章 李白姓名和身世密码

“神龙政变”到底是咋回事

话说初唐有个皇帝叫李显，这位老兄的命运比坐过山车还刺激。他是唐高宗皇帝李治和皇后武则天的亲儿子，当过太子并顺利继位。可惜好景不长，他坐上皇位仅五十五天就被皇太后武则天废为庐陵王，接替他当皇帝的是他的亲弟弟李旦。

李旦只是名义上的皇帝，连过问政事的权力都没有。六年后，临朝称制的皇太后武则天干脆把李旦降为皇嗣，自己当了皇帝，改国号为周。八年后，武则天恢复了李显的太子位，又将李旦降为相王。

两个亲儿子就被母亲这

么折腾来折腾去，要说心里不憋屈那肯定是假的，但这个母亲太强势，心里再憋屈也不敢表现出来，只能任由她摆布。

又过了七年，两兄弟终于把强势的母亲熬到了晚年。人老了，精力就差了，武则天娘家的亲戚们就开始乱来了，大臣们都憋了一肚子怨气。本来大家就觉得武则天夺走了李家的天下，名不正言不顺，如果再任由武家的亲戚们乱来一气，那大唐岂不就要完了？

于是乎，太子李显和宰相张柬之等人就在洛阳紫微城发动兵变，杀死了武则天的亲信，武则天被迫退位，把江山社稷归还给李家。太子李显第二次当上皇帝，史称唐中宗。

李显即位后做的第一件事，就是把武则天建立的“大周”改回“大唐”，改年号为“神龙”。这个事件就是唐史中著名的“神龙政变”。

“神龙政变”不仅改变了唐朝的历史走向，也悄无声息地影响着许多微小的个体。

比如，很多很多年前被流放到西域碎叶城（在唐朝时，属于安西都护府；今吉尔吉斯斯坦托克马克城西南处）的一个普通家庭。

唐朝时的碎叶城在今天什么地方

隋朝末年，陇西成纪县（今甘肃省天水市秦安县）一李姓人家，因私运盐铁触犯朝廷律令，被判全家流放西域。他们拖家带口历尽艰辛终于抵达了当时在西域名气很大的碎叶城，在它附近的千泉就是突厥可汗的金帐所在地。或许李姓人家天生就是做生意的料，他们一下就看中了碎叶城在西域各部落与中原经贸往来中的重要性，于是便决定留在那里。

不久，隋朝灭亡。

尽管唐朝跟西域的经贸往来较之过去更加频繁，但被流放到碎叶城的李姓人家却被新朝忘记了。于是，李姓人家在那里一待就是几代人。

公元679年，唐高宗建置碎叶城，其时属安西都护府，是中国历代王朝在西部地区设防最远的一座边陲城市，也是丝绸之路上一座重镇。碎叶城与龟兹（今新疆库车）、疏

勒（今新疆喀什）、于阗（今新疆和田）并称为唐代“安西四镇”。

“神龙政变”后，唐朝开始大赦天下，这时终于有人想起了流放到西域的李姓人家。于是乎，这家人从碎叶城迁回到四川绵州青莲乡定居。这户李姓人家就是李白家。此时的李白尚未满五岁。

隋朝灭亡于公元618年，“神龙政变”发生于公元705年，两者间隔长达八十七年。如果说这八十七年中李姓人家一直居住在西域，那么李白的高祖、祖父、父亲甚至李白本人都可能出生在碎叶城。

李白的祖籍为陇西成纪县，从碎叶城归来的李家却没有去往陇西，对此有两种说法：一是因为朝廷大赦天下，李家获准终止流放生涯，并被指定居住蜀地；二是李白的父亲因为跟蜀地有生意往来，于是瞅准机会偷偷从流放地逃到蜀地定居。既然是私自逃回，自然不敢回原籍。

李白一生都没参加科考，有人考证说因为其父亲经商，所以没有资格参加科考。也有人认为，因为李白父亲是偷逃回来的，所以李白没有户籍资料，自然就报不上名。

不管李白是否是凉武昭王（西凉开国君主）的九代孙，也不管李白的祖上因何去了西域，甚至不用去深究李白到底生在碎叶城还是四川江油，有一点是很确定的，那就是，“神龙政变”改变了李白的人生轨迹，让他回到了最适合自己生长的那片土壤。

否则，中国历史上可能只会多一个平庸的边贸商贾，却少了一位伟大的诗人。

李白真是“太白金星”下凡吗

一个星河低垂的夜晚。

驼铃声穿透大漠风沙，丝绸之路上的碎叶城也告别了白昼的嘈杂。一支连夜赶路的商队才刚刚走入城门，领头的人给手下简单交代几句后，便心急如焚地拍马离开，马蹄踏起缕缕烟尘。

急匆匆赶回家的商人名叫李客，他此次出去做生意发生了点儿意外，滞留异地足足三月余，他掐算日子，怀胎十月的妻子应该早就生了，但不知母子是否平安，所以他才星夜兼程赶了回来。

让李客倍感意外的是，妻子居然还没分娩。怀胎十三月还不临盆，碎叶城中传言迭起，都说李家女人肚子里怀的非妖即怪。李家只好花高价请来一个稳婆住到家里。

就在赶回来的当晚，疲惫的李客在床旁守了妻子半夜后，刚眯着眼，突然被妻子的叫声惊醒了。李客睁眼看见满室生辉，婴孩的啼哭声划破夜空。

妻子告诉李客，她刚刚做了一个梦，梦见白虹贯月，雪山崩塌，一道金光破云而下，化作白发仙人手托玉盘，盘中盛着北斗七星。仙人对她说："太白金星托我送子，此儿当以诗剑惊天地！"说完，仙人便将盘中的星斗全部倾入到她怀中。

稳婆惊魂未定，她颤颤巍巍地抱起婴孩，嘴里嘀咕着："这孩子绝非凡胎，怕是天上星君转世投胎哟。"

很快，李家新得一子系太白金星转世投胎的消息传遍碎叶城。很多生意伙伴都纷纷上门道贺。这个非凡的婴孩瞳如点墨，左臂隐隐浮现北斗状胎记，大家更加确信此子乃金星入命，文曲傍身，若入中原，必搅动万丈风云。

因此有人说，李家之所以举家迁离，是因为如果继续留在碎叶城，李白始终会被视作异类。

今天学界的研究者认为，太白金星转世投胎的传说，更大可能来自李白的字。李白姓李名白，字太白，恰好跟太白金星同名，于是就给了人们无限的想象空间。

更有学者认为，李家并非姓李，李客并非名客，他取庭中李树为姓，以自己客居蜀中为名，其目的是为了隐姓埋名。

李白最具异域色彩的三首诗

李白的身世迄今仍是谜团，各种史料记载仍存争议，关于他的祖籍、关于他的出生地、关于他出生时的异象和名字由来，其真实性都有待考证，但这并不妨碍我们品读李白的作品。

下面，我们就来欣赏几首李白带有异域色彩的诗歌。

《客中行》（又名《客中作》）

兰陵美酒郁金香，
玉碗盛来琥珀光。
但使主人能醉客，
不知何处是他乡。

译文：兰陵（今山东省临沂市苍山县兰陵镇）美酒

散发着郁金的香气，用玉碗盛来闪动着琥珀般的清光。只要主人同我一道畅饮，一醉方休，我管它这里是故乡还是他乡。

此诗大概写于公元739年前后，李白已开始“京漂”，但还没见到“贵人”贺知章。此时社会呈现出民殷财阜的繁荣景象，人的精神状态也昂扬振奋。李白的这首诗就是在这样的社会背景下写成的。

这首看似普通的抒怀诗之所以被认为有西域色彩，是因为“郁金”是从西域传入的香料，“玉碗”也可能是在暗指西域器物（如粟特风格的酒具）。诗中异域意象的运用表明，李白对西域的物品和文化非常熟悉，这也从一个侧面印证了其在成长过程中受多元文化影响的观点。

《少年行二首·其二》

五陵年少金市东，
银鞍白马度春风。
落花踏尽游何处，
笑入胡姬酒肆中。

译文：在京城金市之东，五陵的贵公子骑着银鞍白马，满面春风。他们在游春赏花之后，最爱到哪里去呢？不用说，准是笑着走进胡姬的酒肆饮酒。

这首诗应该是李白青年时期的作品，精准描摹出一个充满朝气的五陵少年（唐朝时期长安城中的贵族子弟）的形象。这里没有明显的是非褒贬，也没有暗示什么微言大义，只是单纯写一个豪掷时光与金钱的富家少年，从中不难窥见李白任性逞能的豪侠少年形象。

之所以认为这首诗带有异域色彩，是因为诗中的“胡姬酒肆”在唐朝的长安是西域文化的典型符号。长安城中汉家酒肆更多，为何偏偏要写“胡姬酒肆”？说明李白对西域风俗熟悉、亲近并认同。这也可以间接佐证他自幼接触的是一个多元的文化环境。

《关山月》

明月出天山，苍茫云海间。
长风几万里，吹度玉门关。
汉下白登道，胡窥青海湾。
由来征战地，不见有人还。
戍客望边邑，思归多苦颜。
高楼当此夜，叹息未应闲。

译文：一轮明月从祁连山升起，穿行在苍茫的云海之间。浩荡的长风吹越几万里，吹过将士驻守的玉门关。当年汉兵直指白登山道，吐蕃觊觎青海大片河山。这里就是历代征战之地，出征将士很少能够生还。戍守兵士远望边城景象，思归家乡不禁满面愁容。此时将士的妻子也应站在高楼，哀叹何时能见远方亲人。

这首诗描绘了边塞的风光，戍卒的遭遇，更深一层转入戍卒与思妇两地相思的痛苦。开头的描绘都是为后面作渲染和铺垫，侧重写望月引起的情思。如果联想到李白的另外两句诗：

“秋风吹不尽，总是玉关情”，不难看出长风、明月、天山、玉门关等意象，构成了李白笔下的万里边塞图，而通过这种诗画意境表达出来的，则是浓浓的家国情怀。

这首诗被定义为一首边塞诗，但李白从少年时起就没到过边塞，他为何对天山、玉门关这些西域地区不仅熟悉，而且充满感情？可能较好的一种解释就是，他儿时曾经在那里生活，且在之后的成长过程中，经常听家人们谈及。

第二章

李白的故里密码

李白为何自号“青莲居士”

众所周知，李白自号青莲居士。李白信奉道教，二十岁时皈依。后来，李白在紫极宫正式受道箓，归入道籍，成为一名真正的道士。所以，李白以“居士”自称一点儿不奇怪。但青莲二字又缘自何故？

有人说，李白故里在四川江油青莲乡（现在叫青莲镇），这地方以前叫清廉乡，得名于环绕小镇的清溪和廉水两条河流。到了宋代，为了纪念李白，将此处更名为青莲乡。换句话说，李白取故里谐音为自号，最终因为名气太大，故里干脆跟着他改了名。

另一种说法似乎也有依据。李白曾写过一篇《赠玉泉仙人掌茶诗序》：

余游金陵，见宗僧中孚，示予茶数十片，其状如手，名为“仙人掌茶”。盖新出乎玉泉之山，旷古未觌，因持以见遗，兼赠诗，要予答之，遂有此作。后之高僧大隐，知仙人掌茶，发乎中孚禅子及青莲居士李白也。

李白说，中孚禅师送了他一些茶，品尝起来味道很好，别具风味。这种茶长得很奇特，特别像手掌，李白称它为“仙人掌茶”。因为中孚禅师又是赠茶又是赠诗，于是李白就回赠了一首诗。李白还说，以后的高僧和隐士们，都会知道“仙人掌茶”是中孚禅师和青莲居士李白最先发现的！

这是李白诗文集中第一次出现“青莲居士”这个称号。

在道教中，莲花被视为修仙圣物，具有神圣地位，同时还被赋予了“出淤泥而不染”的品质，象征清廉、高洁、典雅和吉祥。作为道教信徒，李白对莲花情有独钟完全可以理解，从这个角度来解释他自号“青莲居士”，也得到了许多人的认同。

究竟哪里才算李白故里

2009年，湖北安陆在央视投放的一则城市宣传片引发了一场李白故里之争。在安陆的城市宣传片中有这样的广告词：李白故里，银杏之乡。

李白曾在安陆娶唐初宰相许圉师的孙女为妻，并在那里开始了“酒隐安陆，蹉跎十年”的寓居生涯。但严格来讲，

李白酒隐十年的安陆

相较于自小生活近二十年的江油，仅客居十年的安陆以李白故里自居多少显得有些牵强。

更重要的是，江油早在2003年就在国家工商总局注册了“李白故里，华夏诗城”作为城市旅游形象的定位，并投入巨资启动了包括李白故里在内的八大项目建设。

可谁都没想到，正当安陆跟江油在力争“李白故里”这张名片时，吉尔吉斯斯坦驻中国大使馆商务参赞朱萨耶夫·古邦在访问安陆时，称“李白故里”在他们国家的托克马克市，希望以李白为纽带，与安陆市共同担负起弘扬李白文化的责任。

严格来讲，朱萨耶夫·古邦说“李白故里”在他们国家也并非空穴来风。据之前的史料佐证，李白一家的确是“神龙政变”后才从碎叶城迁回四川江油的，但碎叶城具体位于何处，在很长一段时间内无人知晓。

直到上世纪80年代，在吉尔吉斯斯坦的托克马克市陆续出土了一些文物，包括刻有四十一个汉字的佛像底座、城墙和两座寺庙遗址、唐代钱币等文物，才确认碎叶城就位于现在吉尔吉斯斯坦的托克马克市境内。

那么，李白的成长脉络也逐渐清晰起来：公元701年出生在西域碎叶城；公元705年举家迁居四川江油，在匡山苦读十年；公元724年辞亲远游，求道访友；公元728年与前宰相许圉师的孙女许氏结婚。

公元736年，在安陆住了十年后，李白携妻子迁居东鲁任城（今山东省济宁市），投奔在那里担任县令的族亲李辅，安置好家人后开始“京漂”。几年后，李白入仕翰林院，没干到两年就被“赐金放还”。此后，虽家仍在任城，但李白本人不断出游梁宋、齐鲁、幽燕、会稽、金陵、宜城等地，继续寻道访友，在外面待的时间或许比在家待的时间更长。

公元756年，李白加入永王李璘幕府，次年李璘兵败当阳，李白因叛逆罪被判流放夜郎，行至巫山，遇赦东还，但这丝毫不影响李白的心情，他继续在江夏、巴陵、衡阳、浔阳、金陵、宣城等地游历。

公元761年，太尉李光弼驻军临淮，准备收拾“安史之乱”的余孽，李白闻讯立即赶去投奔，想在李光弼手下谋份差事。

可惜天不遂愿，走到半道，李白就病倒了，只好改道去当涂（今安徽省马鞍山市当涂县）投奔在那里担任县令的族叔李阳冰。一年后，李白在那里病故。

梳理完李白的人生轨迹，目前得到大多数人认同的说法是，李白出生于碎叶城，后迁居江油。“故里”通常指一个人出生或长期居住的地方，从这个字面意义上理解，或许李白故里不止一处，但江油无疑是其中之一，毕竟，李白成长过程中最重要的二十个年头是在这里度过的。

当涂李白之墓

在江油寻觅李白的成长轨迹

李白在江油待了将近二十年，从一只雏鸟成长为一只振翅欲飞的大鹏，胸蕴大志，满腹经纶，意气风发，侠义仁心。虽最终未能一展宏图，却以空前绝后的诗作惊艳大唐，此后更是万世流芳。

那么，在江油的近二十年中，李白都做了些什么？或者说，是怎样的一种环境造就了这个光耀千秋的伟大人物？

其实，在江油，李白主要做了四件事。

第一，勤学。李白曾在匡山苦读十载，据说他五岁就背会了六十组天干地支纪年法和道教的术数，十岁便能读懂诸子百家的文章；对古来史事，了解甚多；枕边常放书籍，写诗作文更是不知疲倦。

第二，拜师。李白曾拜唐代杰出的纵横家赵蕤（ruí）为师，跟随他学习帝王学和纵横术，用现在的话说就是学习如何当好（辅佐）皇帝和成为出色的外交政治家。李白虽为弟子，却最终与师傅齐名，当时的人将“赵蕤术数、李白文章”并称为“蜀中二杰”。所以，李白最大的愿望不是成为一个诗人，而是帮皇帝治理国家。

李白苦学之地匡山书院

第三，练剑。史书中记载的李白个子很高，剑术不凡，这跟李白在匡山中的勤学苦练分不开。在李白生活的那个时代，文学的繁荣与武技的兴盛齐头，文治与武功并举。腰佩长剑不仅是时尚，也是正义、勇敢和力量的象征。所以李白格外推崇和痴迷于剑术——尽管他的剑术技艺可能远不及他的诗歌水准。

第四，初涉仕途。很多人都不知道，其实李白在十四五岁的时候，可能还曾当过小官。史料中记载，李白在昌隆（今四川江油）县衙当过县录事（胥吏），后来因为写诗讥讽县令夫妇，被迫辞职隐居匡山读书习剑。

李白跟故里有关的诗

俗话说，雁过留声，人过留名。对李白而言，则是人过留诗。

据考证，李白一生写过上万首诗，但留下来的只有九百余首。在无法证伪的前提下，一些资料中明确记录为李白所作的诗歌，我们姑且都将它们视为出自青莲居士之手。

李白十岁时写过一首名叫《咏萤火》的诗：

雨打灯难灭，风吹色更明。
若飞天上去，定作月边星。[①]

李白当小官时陪县令去看农夫烧山开荒，县令见景赋诗

①（见1935年上海出版的英国教授翟理斯汉英对照本《汉诗英译》）

“野火烧山后，人归火不归”，念出两句后怎么也想不出后面的句子，在旁边的李白脱口而出：“焰随红日去，烟逐暮云飞。”

不久，涪江涨水淹死一妇人，李白又陪县令去查看。县令摇头晃脑吟诗：“二八谁家女，漂来倚岸芦。鸟窥眉上翠，鱼弄口旁珠。”见县令如此不尊重生命，李白愤而接诵道：“绿鬓随波散，红颜逐浪无。因何逢伍相，应是想秋胡。”

李白用春秋时品行恶劣的鲁国大夫秋胡暗指县令，表露心中不满。

二十岁时，李白大老远去拜谒渝州刺史李邕，因下人不肯传报，李白想见李邕一面都不行，李白气愤之下留下一首直呼其名的诗《上李邕》：

大鹏一日同风起，扶摇直上九万里。
假令风歇时下来，犹能簸却沧溟水。
世人见我恒殊调，闻余大言皆冷笑。
宣父犹能畏后生，丈夫未可轻年少。

译文：大鹏有一天乘风而起，扶摇直上九万里之高。如果风歇时停下来，其力量之大犹能将沧海之水簸干。世人总觉得我说的是奇谈怪论，听后都冷笑不已。孔圣人还说后生可畏，大丈夫可不能轻视年轻人啊！

李白的年少轻狂在此诗中表露无遗。李白习惯性地将自己比作大鹏，预言终有一天会扶摇直上九万里。他直言不讳地“提醒”刺史大人：就连孔子他老人家都说后生可畏，你千万不要轻视了我们年轻人。

四川江油的一方水土，养育出李白桀骜狂放的性格，但也无法容纳他如大鹏般展翅的梦想。公元724年，李白终于准备就绪，留下一首诗后便义无反顾地离开了匡山，从此再也没回来。

只是不知大小匡山多年后是否还能记得，那个在林间晨诵、岩上习剑、池中洗砚、灯下疾书的风一般的少年。而现在到江油寻访“仙踪”的游客，也只能到大小匡山、青莲镇、读书台、李白纪念馆、匡山书院、陇西楼、洗墨池、磨针溪、粉竹楼等处，去寻觅岁月残存的痕迹。

大鹏一日同风起扶摇直上九万里假令
风歇时下来犹能簸却沧溟水时人见我
恒殊调见余大言皆冷笑宣父犹能畏后生
丈夫未可轻年少

李白《上李邕》 沙孟海 书

凌云 吴作人 绘

《别匡山》

晓峰如画参差碧，藤影风摇拂槛垂。
野径来多将犬伴，人间归晚带樵随。
看云客倚啼猿树，洗钵僧临失鹤池。
莫怪无心恋清境，已将书剑许明时。

译文：早晨的匡山树木参差，山色如碧。藤影随风飘动，垂到栏杆上。山上野径交错，人们大多带着家犬行走。夕阳西下，晚归的农人就背着柴薪走下山来。游客倚树而立，聆听树上猿啼阵阵。可以看见，僧人在失鹤池中清洗钵盂。不是我不留恋这清幽的环境，只因我想干一番事业，已决心将自己的文才武艺全都投入政治清明的时代。

第四章

李白诗歌中的月亮密码

李白家人与众不同的名字

很多人都知道，李白诗作中涉及到月亮的篇数极多，粗略统计有三百余首。月亮不仅是夜空中的美丽天体，还承载着丰富的文化和哲学意象。它是神秘的象征，也意味着诱惑和变化无常，甚至能使人发狂，具有支配人类性格和行为的力量。

在早期道家思想中，月亮代表光明和众多神灵，可以制服各种邪害，象征着阴阳中的阴性力量。在佛教文化中，月亮有时是真理的代表，有时指时间流逝，有时还代指妄想和杂念。

李白笔下的月亮不仅是自然意象，更承载着他对故土的思念，寄托着他的人生哲思。甚至可以认为，“月亮”是将李白的西域出生地和中原文化紧密连接的精神纽带。

但很多人不知道的是，李白家人的名字也跟月亮有着神秘的关联。

李白的妹妹叫李月圆；李白长子李伯禽的小名叫“明月奴”；李白次子李天然小名叫“颇黎”（即“玻璃”，西域特产水晶，唐代西域人认为月亮是用“颇黎”制成的）。

李白笔下最著名的“月亮之歌”

既然李白写了那么多关于月亮的诗，我们就选出其中最著名的三首来赏析。

《月下独酌四首·其一》

花间一壶酒，独酌无相亲。
举杯邀明月，对影成三人。
月既不解饮，影徒随我身。
暂伴月将影，行乐须及春。
我歌月徘徊，我舞影零乱。
醒时同交欢，醉后各分散。
永结无情游，相期邈云汉。

李太白像　傅抱石　绘

译文：在花丛中摆下一壶好酒，没有亲人和知己作陪独自酌饮。举杯邀请明月来共饮，算上自己的身影刚好是三个人。月亮本来就不懂饮酒，影子徒然在身前身后。暂且以明月影子相伴，趁此春宵要及时行乐。我唱歌，月亮徘徊不定；我起舞，影子飘前飘后。清醒时我们共同欢乐，酒醉以后各奔东西。但愿能永远尽情漫游，在茫茫的天河中相见。

写这首诗时李白正在长安做着自己不喜欢的工作，上官对他不满意，身边小人还不断进谗言，李白试图襄助皇上使“寰区大定，海县清一”的愿望落空，内心孤寂苦闷，于是写下这首诗。

《静夜思》

床前明月光，疑是地上霜。
举头望明月，低头思故乡。

译文：明亮的月光洒在窗户上，好像地上泛起一层银霜。抬头看天，窗外一轮明月，不由得让我低头思念起远方的家乡。

这首诗的写作时间和地点都不确定，唯一能确定的就是该诗没有奇特新颖的意象，没有精工华美的辞藻，仅用叙述的语气写远客思乡之情，勾勒出一幅生动形象的月夜思乡图，到达了“四两拨千斤”的艺术效果，被世人传诵千年。

《古朗月行》（节选）

小时不识月，呼作白玉盘。
又疑瑶台镜，飞在青云端。

译文：小时候不认识月亮，把它称作白玉盘。有时又怀疑是瑶台仙人的明镜，飞到了天空中。

李白运用浪漫主义的创作手法，通过丰富的想象，对神话传说巧妙加工，构成瑰丽神奇而含意深蕴的艺术形象，把儿童的天真烂漫描写得生动可爱，堪称儿童诗歌启蒙的经典之作。

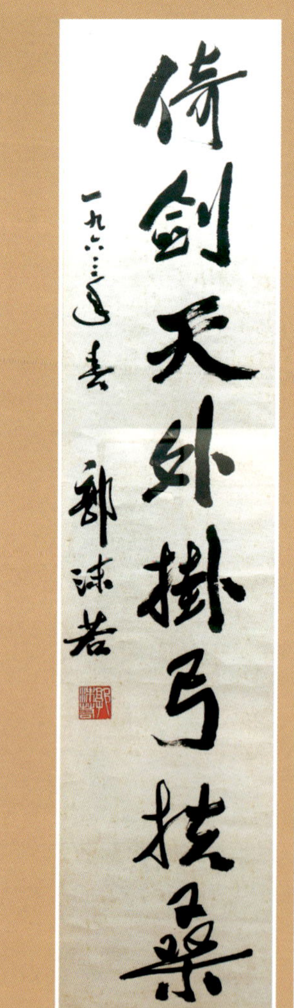

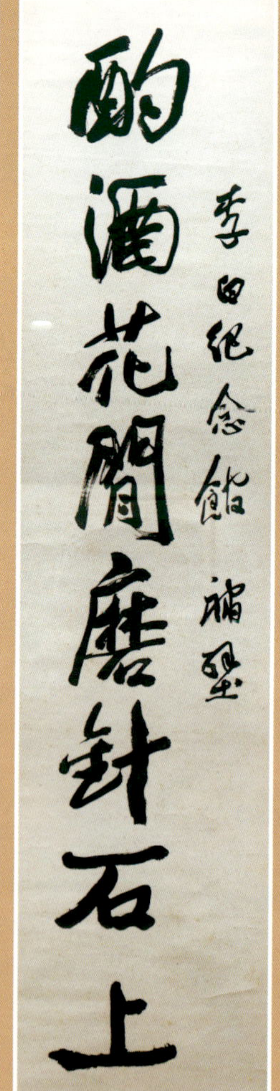

郭沫若为李白纪念馆题写的对联

第五章

李白的英雄情结和侠客密码

李白除“诗仙”之外的另一个名号

李白的“诗仙”之名家喻户晓，他的另一个名号知道的人却不多，但一说出来大家绝对都能认同，那就是“诗侠”。

李白之所以能获此称号，原因有四。其一，李白游方任性，有游侠气概。有史书记载，他年轻时曾“手刃数人”（存疑）。其二，李白号称“大唐第二剑客”，他曾跟“剑圣”裴旻学剑，据说一般人无法近身。他常年在外游历，没点儿功夫恐怕还真不行。其三，李白的很多诗都充满侠气和英雄主义色彩。其四，李白有个学生叫武谔，是个质朴深沉的豪侠，崇拜要离（《史记》中记载的“四大刺客”之一）那样的职业刺客。武谔拜李白为师，显然不是为了学文化，只能是来学剑术的。

李白自幼习剑术，崇尚春秋战国侠士精神，诗中常见

“纵死侠骨香”“十步杀一人”等豪迈意象。这一情结源于其阅读诸子百家典籍的经历，以及对西域游侠文化的吸收。李白的侠气已浸透骨髓，并非徒有其表。

李白最具侠气的三首诗

《侠客行》（节选）

赵客缦胡缨，吴钩霜雪明。
银鞍照白马，飒沓如流星。
十步杀一人，千里不留行。
事了拂衣去，深藏身与名。

译文：燕赵的剑客系着侠士的武缨，腰佩吴越雪亮的弯刀。骑着银鞍白马从大街上飞驰而过，就像天上的流星。他们武艺盖世，十步可斩杀一人，千里之行，无人可挡。事成之后，连个姓名也不肯留下。

唐代游侠之风颇为盛行，形成了少年喜剑术、崇尚侠

义精神的风气。这首诗就是在这样的社会背景之下创作的，表达了作者对侠客的倾慕，对拯危济困、用世立功生活的向往。李白“十五好剑术”，终生不离剑。李白的理想就是干一番惊天动地的大事业，然后功成身退。所以，此诗也是李白的自我写照，其豪情壮志在诗中表露无遗。

《将进酒》

君不见黄河之水天上来，奔流到海不复回。
君不见高堂明镜悲白发，朝如青丝暮成雪。
人生得意须尽欢，莫使金樽空对月。
天生我材必有用，千金散尽还复来。
烹羊宰牛且为乐，会须一饮三百杯。
岑夫子，丹丘生，将进酒，杯莫停。
与君歌一曲，请君为我倾耳听。
钟鼓馔玉不足贵，但愿长醉不复醒。
古来圣贤皆寂寞，惟有饮者留其名。
陈王昔时宴平乐，斗酒十千恣欢谑。
主人何为言少钱，径须沽取对君酌。

五花马、千金裘，

呼儿将出换美酒，与尔同销万古愁。

译文：你可见黄河水从天上倾泻而下，波涛滚滚直奔向大海不回还。你可见高堂明镜中苍苍白发，早上满头青丝晚上就如白雪。人生得意时要尽情享受欢乐，不要让金杯空对皎洁的明月。老天让我成材必会有用，即使散尽千金也还会再得到。

煮羊宰牛，姑且尽情享受欢乐，一气喝他三百杯也不要嫌多。岑夫子，丹丘生，快喝酒，不要停啊。我为在坐各位朋友高歌一曲，请你们一定要侧耳细细倾听。钟乐美食这样的富贵不稀罕，我愿永远沉醉酒中，不愿清醒。圣者仁人自古就很寂寞，只有那善饮的人才能留下美名。

当年陈王曹植平乐观摆酒宴，一斗美酒值万钱，他们开怀畅饮。主人你为什么说钱已经不多，你尽管端酒来让我陪朋友喝。管它名贵五花马还是狐皮裘，快叫侍儿拿出来统统换成美酒，与你同饮来消融这万古长愁。

这首诗把李白孤高自傲、桀骜不驯、蔑视权贵的个性表现得淋漓尽致，也将他内心怀才不遇的落寞、报国无门的激愤、英雄暮年的感叹描写得精准巧妙。全诗气势豪迈、感情奔放、语言流畅、节奏无双，具有超强的感染力。

有人说，仅需通过这一首诗，便可一窥“谪仙人”的真面目！

《塞下曲六首·其一》

五月天山雪，无花只有寒。
笛中闻折柳，春色未曾看。
晓战随金鼓，宵眠抱玉鞍。
愿将腰下剑，直为斩楼兰。

译文：五月的天山仍满山飘雪，只有凛冽的寒气，根本看不见花草。只有在《折杨柳》的笛曲中才能想象到春光，而现实中从来就没有见过春天。战士们白天在金鼓声中与敌人殊死搏斗，晚上只能抱着马鞍睡觉。但愿腰间悬挂的宝剑，能够早日平定边疆，为国立功。

李白借用了一个典故：汉代时楼兰国经常杀死汉朝派去的使节，待傅介子出使西域时，他用所献金帛将楼兰王诱至帐中杀死。李白表达出愿赴身疆场，为国杀敌的雄心壮志。

第六章

李白诗歌的榜单密码

李白诗歌TOP10榜单

前面讲过，李白一辈子写了上万首诗，因为战乱等多种缘故，目前流传下来且确实可信的（因为每个名人都会有人托名伪作）不足一千首。

这些诗体裁、内容、风格不同，李白写作时的心情、状态和发挥水准也不一样，所以肯定有高下之分。虽说诗歌这种艺术作品的好坏很难量化，但还是有人从作品在文学史中所占地位、传播广度、艺术创新、文化影响力等多维度进行综合考量后，尝试着以“星级评分”形式列出了李白作品的TOP10榜单。

（特此声明：该榜单不具有权威性，仅图一乐。）

第十名：《侠客行》

第九名：《黄鹤楼送孟浩然之广陵》

故人西辞黄鹤楼，
烟花三月下扬州。
孤帆远影碧空尽，
唯见长江天际流。

第八名：《梦游天姥吟留别》
第七名：《月下独酌四首·其一》
第六名：《早发白帝城》

朝辞白帝彩云间，
千里江陵一日还。
两岸猿声啼不住，
轻舟已过万重山。

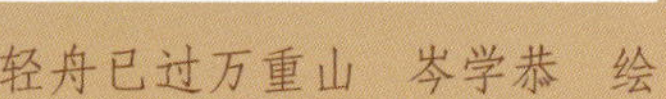

轻舟已过万重山　岑学恭　绘

第五名：《行路难三首·其一》

金樽清酒斗十千，玉盘珍羞直万钱。
停杯投箸不能食，拔剑四顾心茫然。
欲渡黄河冰塞川，将登太行雪满山。
闲来垂钓碧溪上，忽复乘舟梦日边。
行路难！行路难！多歧路，今安在？
长风破浪会有时，直挂云帆济沧海。

第四名：《望庐山瀑布》

第三名：《蜀道难》

第二名：《将进酒》

第一名：《静夜思》

李白的诗歌如同璀璨群星，每首都闪耀着独特光芒。此榜仅为窥其成就的趣味视角——真正的诗仙，永远超越任何评分体系。

李白诗歌必背榜单

《蜀道难》

《将进酒》

《行路难三首·其一》

《望庐山瀑布》

《早发白帝城》

《望天门山》

《月下独酌四首·其一》

《宣州谢朓楼饯别校书叔云》

《把酒问月》

《黄鹤楼送孟浩然之广陵》

《赠汪伦》

《静夜思》

《梦游天姥吟留别》

《古朗月行》

《登金陵凤凰台》

《越中览古》

《侠客行》

《南陵别儿童入京》

《夜宿山寺》

《清平调·其一》

朝辭白帝彩雲間
千里江陵一日還兩岸
猿聲啼不住輕舟
已過萬重山 李白下江陵
辛卯冬 流沙河

早发白帝城 流沙河 书

李白诗作中的金句榜单

天生我材必有用，千金散尽还复来。

——《将进酒》

举头望明月，低头思故乡。

——《静夜思》

长风破浪会有时，直挂云帆济沧海。

——《行路难三首·其一》

抽刀断水水更流，举杯消愁愁更愁。

——《宣州谢朓楼饯别校书叔云》

安能摧眉折腰事权贵，使我不得开心颜！

——《梦游天姥吟留别》

大鹏一日同风起，扶摇直上九万里。

——《上李邕》

举头望明月，低头思故乡　丰子恺　绘

宣父犹能畏后生，丈夫未可轻年少。

——《上李邕》

仰天大笑出门去，我辈岂是蓬蒿人！

——《南陵别儿童入京》

飞流直下三千尺，疑是银河落九天。

——《望庐山瀑布》

桃花潭水深千尺，不及汪伦送我情。

——《赠汪伦》

蜀国多仙山，峨眉邈难匹。

——《登峨眉山》

孤帆远影碧空尽，唯见长江天际流。

——《黄鹤楼送孟浩然之广陵》

两岸猿声啼不住，轻舟已过万重山。

——《早发白帝城》

我寄愁心与明月，随风直到夜郎西。

——《闻王昌龄左迁龙标遥有此寄》

相看两不厌，只有敬亭山。

——《独坐敬亭山》

蜀国多仙山，峨眉邈难匹　邱笑秋　绘

浮云游子意，落日故人情。

——《送友人》

三山半落青天外，二水中分白鹭洲。

——《登金陵凤凰台》

云想衣裳花想容，春风拂槛露华浓。

——《清平调·其一》

人生得意须尽欢，莫使金樽空对月。

——《将进酒》

古来圣贤皆寂寞，惟有饮者留其名。

——《将进酒》

君不见黄河之水天上来，奔流到海不复回。
君不见高堂明镜悲白发，朝如青丝暮成雪。

——《将进酒》

白发三千丈，缘愁似个长。

——《秋浦歌》

危楼高百尺，手可摘星辰。

——《夜宿山寺》

一枝浓艳露凝香　潘天寿　绘

蜀道之难，难于上青天！

——《蜀道难》

春风不相识，何事入罗帏。

——《春思》

举杯邀明月，对影成三人。

——《月下独酌四首·其一》

桃花流水窅然去，别有天地非人间。

——《山中问答》

红颜弃轩冕，白首卧松云。

——《赠孟浩然》

请君试问东流水，别意与之谁短长？

——《金陵酒肆留别》

树深时见鹿，溪午不闻钟。

——《访戴天山道士不遇》

郎骑竹马来，绕床弄青梅。

——《长干行二首·其一》

暮从碧山下，山月随人归。

——《下终南山过斛斯山人宿置酒》

郎骑竹马来　丰子恺　绘

为我一挥手，如听万壑松。

——《听蜀僧濬弹琴》

此夜曲中闻折柳，何人不起故园情?

——《春夜洛城闻笛》

愿将腰下剑，直为斩楼兰。

——《塞下曲六首·其一》

今人不见古时月，今月曾经照古人。

——《把酒问月》

明月不归沉碧海，白云愁色满苍梧。

——《哭晁卿衡》

黄鹤楼中吹玉笛，江城五月落梅花。

——《与史郎中钦听黄鹤楼上吹笛》

一溪初入千花明，万壑度尽松风声。

——《忆旧游寄谯郡元参军》

夜发清溪向三峡，思君不见下渝州。

——《峨眉山月歌》

两岸青山相对出，孤帆一片日边来。

——《望天门山》

峨眉山月半轮秋，影入平羌江水流。
夜发清溪向三峡，思君不见下渝州。

录太白诗 恩来 一九五八年三月

《峨眉山月歌》 周恩来 书

孤帆一片日边来　丰子恺　绘

第七章

在李白故里江油到处走一走

一方水土养一方人。

李白之所以能成为历史追光中那个光焰万丈的伟大诗人，更多地是跟养育过他青少年时期的那片土地有关。

长于斯，学于斯，人生之路始于斯。一千三百多年前，钟灵毓秀的江油不仅敞开博大的胸怀接纳了那个来自碎叶城的五岁孩童，还用灵山秀水、文化底蕴滋养了他，让他吸天地之精华，采日月之灵气，犹如一颗巨星，在盛唐的天空中绽放出永恒的璀璨之光。

所以，我们不妨来了解一下这片神奇的土地。

江油

江油地处涪江与廉水交汇处，自古有“蜀道咽喉”之称，地貌以“三山环抱、一江两河九堰”为特色。山水相依，景色如画。戴天山、窦圌山、匡山等奇峰叠翠；涪江六峡、养马峡等水系清澈灵动；红叶林、云海、溶洞等自然奇观遍布其间。

李白青少年时期在此生活，故乡的山水激发了他的创作灵感，留下了《访戴天山道士不遇》《别匡山》《寻雍尊师隐居》等二十余首描绘江油风光的诗篇。

青莲镇

青莲镇地处绵阳和江油两市之间，东与龙凤镇、彰明镇隔江相望，西与西屏镇、方水镇相邻，南接涪城区青义镇，北靠城郊区太平镇。

青莲镇原名“清廉”，后为纪念李白更名为“青莲”。青莲镇是李白成长的地方，境内有众多李白文化遗迹，曾获得“四川省历史文化名镇”“全国文明村镇”“国家级环境优美乡镇”等荣誉称号。

青莲镇2021年入选“四川最美古村镇”名单。

李白纪念馆

江油市李白纪念馆位于江油市区昌明河畔，融学术研究、典藏陈列、文物保护、宣传教育、文旅融合为一体，是国家二级博物馆、国家AAAA级旅游景区。馆内收藏有历代李白诗集版本、历代名家书画精品等文物八千余件（套），是探源中国传统历史文化、拜谒伟大诗仙李白的胜地。李白纪念馆2009年被中宣部命名为“全国爱国主义教育示范基地”。

李白故居

李白故居位于青莲镇，现存遗址有陇西院、太白祠、衣冠墓、洗墨池、粉竹楼等。

陇西院

陇西院位于天宝山麓，北依太华山，东邻天宝山，西接红崖，因李白祖籍在陇西而得名。李白随父李客迁居到江油时，就住在青莲镇的陇西院。

陇西院的山门经多次维修现保留清代风格，山门微呈八字，中部檐顶上塑有宝珠花、鳌鱼，四角有卷草翼角。中门上端捶灰竖匾上用瓷片嵌塑“陇西院”三个大字，匾周塑五条蟠龙，栩栩如生。三道门由石条砌造，两侧均刻对联。其中一联是：旧是谪仙栖隐处，恍闻昔日读书声。

陇西院山门

陇风堂

太白祠

为纪念唐代诗人李白修建的祠堂，初建于宋代，其后兴废交替，历宋、元、明、清，屡遭兵火，又多次整修，随盛衰而变。其现存的大门、过厅、厢房、正堂及庭园格局，为清乾隆四十三年（1778年）重建。中华人民共和国成立后，国家和当地政府多次对太白祠进行维护修葺。

太白祠大门口有一楹联：盛唐诗酒无双士，青莲文苑第一家。祠内有陈列室和明碑，收藏并展示李白遗墨、遗迹的照片和拓片。祠内保存有清代和民国诗碑，以及后来修建的双重檐李客亭、泮池、小桥、白玉堂、东西配殿等仿唐建筑。

邓小平同志题写的“李白故里”石碑立于新修大门庭园处。

太白祠

读书台

读书台是李白留给故里的重要遗迹之一，位于四川江油市太平镇北，距市区十公里，因李白少年时在此读书而得名，亦称小匡山、点灯山、翰林山。

其山势秀美，宛若一支毛笔指向蓝天。山上苍松翠柏，十分茂盛；山下平通河，清澈见底。传说，李白家原住在青莲场边的阴平古道旁，因常有商旅往来，不免受到尘世烦扰，影响读书，于是，他选中了让水河畔这座清幽秀美的小山做他的读书之地。

五代前蜀诗人杜光庭游览读书台，写下了“山中犹有读书台，风扫晴岚画障开。华月冰壶依旧在，青莲居士几时来”的诗句。山上有清光绪十四年（1888年）重修的太白祠，有邑令葛竣起题写的“读书台”匾额。殿内还有清光绪十四年修建的太白读书台碑记两座，殿内墙壁砖上均有“大清光绪十四年戊子岁读书台置”字样。

每年农历三月，来此凭吊李白的人络绎不绝，多为祈祷诗仙李白庇佑自家儿孙能登科及第。此习俗一直沿袭至今。

读书台

粉竹楼

李白胞妹李月圆居住过的一座四合院，位于李白故居陇西院后面。相传，李月圆每天梳洗后，将洗过脸上脂粉的水泼到楼下，经年累月，楼下的一丛丛青竹渐渐变成了粉竹，这座绣楼就有了一个美妙的名字：粉竹楼。

粉竹楼山门

李月圆雕像

现存的粉竹楼山门系清代道光十七年（1837年）重建，有《重修粉竹楼记》碑记载其事。粉竹楼山门高二丈多，建有三孔石拱门、三洞门，各有石刻楹联，文句完全清晰。

李月圆从未离开过家乡，去世后就葬于现址，其坟墓与绣楼近在咫尺。

洗墨池

传说这里是李白兄妹年少时常去洗涤笔砚的地方，位于粉竹楼东半里许。此处系一天然泉眼，泉水看上去为黑色，汲起来则明净无色，且终年不涸，四季清澈。又泉水不时有鱼眼泡上涌，状如蒲花，故当地人又称其为“蒲花井”。

中华人民共和国成立后，当地文化部门在井周加砌石栏，题刻《李白洗墨池》碑。

合上这本书，闭上眼，我们仿佛看到那个天才少年在四川的秀山绿水中完成文化积淀和梦想孕育后，终于鼓足勇气开始了那次顺流而下的“出逃”。

锦官城的油桐花落满酒瓮，他在水纹里窥见银河的倒影。峨眉山月是启蒙课本的扉页，照着少年用竹杖丈量云海，把《大鹏赋》的草稿卷进松涛。剑阁栈道被他走成竖排的琴弦，每块危岩都是待叩的钟磬，直到某日嘉陵江突然暴涨，冲开夔门的锁，放走一尾银鳞白额的蛟。

二十年后长安城的胡姬仍在殷勤劝酒：那位醉中捉月的中原客，衣袖里抖落的仍是川南的荔枝红；喉间滚烫的烈酒，总掺着半勺巴山夜雨。

他是唐代诗坛最不安分的浪子，用剑气劈开盛唐的锦绣帷幕，在长安城的每个角落书写狂草。御花园的牡丹在他面前竞相绽放，只盼他的醉眼一瞥，就化作飞天的诗句。

他让月亮成为永恒的象征，让长江变成流动的诗。三千尺的瀑布是他随手抛下的白练，万里黄河是他醉后打翻的酒坛。他的诗里住着整个盛唐的魂魄，每个字都是跳动的火焰，每句诗都是不羁的闪电。他让格律诗学会跳舞，让古体诗长出翅膀。

在他之后，每个仰望星空的诗人，都看见银河里漂浮着他的酒壶。他既是中原文化的集大成者，又是西域血脉的传承人；既是浪漫雅士，亦是自己江湖中的侠客。他的诗歌往往以奇特的想象、豪放的语言，将读者带入一个充满神秘与奇幻的世界，让人仿佛置身于仙境之中，感受到一种超脱尘世的宁静与美好。

他一生足迹遍布十八个地方（省、自治区、市）中的二百零六个州县，超过了当时全国州县总数的六成。他登过八十余座山峰，游览过六十余条河流。他是诗人中的行动派，是用步伐与魂魄跟大自然交流的“谪仙人”。

他狂放的生命力与颓唐的虚无感错综交织，树立起中国诗歌的“酒神精神”范式，他亦被后世无数文人视为精神偶像。

重温李白诗作，寻访李白故里，与诗仙来一次电光火石的灵魂碰撞！

叶毓中

李白诗意画

《闻王昌龄左迁龙标遥有此寄》

李　白

杨花落尽子规啼，闻道龙标过五溪，
我寄愁心与明月，随风直到夜郎西。

李白明月图
師中画于北京

越女词五首·其三

李　白

耶溪采莲女，见客棹歌回。
笑入荷花去，佯羞不出来。

唐李白詩意图
毓中画并记

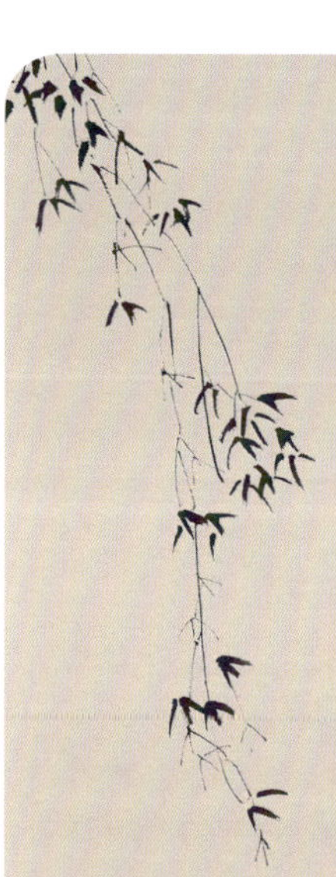

《古风·其十九》（节选）

李　白

素手把芙蓉，虚步蹑太清。
霓裳曳广带，飘拂升天行。

李白詞意

《经乱离后天恩流夜郎忆旧游书怀赠江夏韦太守良宰》（节选）

李　白

对客小垂手，罗衣舞春风，
宾跪请休息，主人情未极。
览君荆山作，江鲍堪动色。
清水出芙蓉，天然去雕饰。

清水出芙蓉 天然去彫飾
李白詩 憶旧游書

图书在版编目（CIP）数据

谪仙人李白：诗魂和故里 / 陈磊著. -- 成都：四川少年儿童出版社, 2025. 5. -- ISBN 978-7-5728-2000-7

Ⅰ. K825.6-49

中国国家版本馆CIP数据核字第2025RC7208号

出版人　余　兰
图书策划　黄　政
责任编辑　黄　政
封面设计　刘　亮　李　蓉
责任校对　王默志
责任印制　李　欣

特别鸣谢　罗溃沅先生　王娅莺女士　梁合先生　廖继胤先生
朗诵吟诵　陈岳（特邀）

ZHEXIANREN LIBA SHIHUN HE GULI
谪仙人李白诗魂和故里　陈　磊　编著

出　　版　四川少年儿童出版社
地　　址　成都市锦江区三色路238号
网　　址　http：//www.sccph.com.cn
网　　店　http：//scsnetcbs.tmall.com
经　　销　新华书店
排　　版　喜唐平面设计工作室
印　　刷　四川省东和印务有限责任公司
成品尺寸　202mm × 175mm
开　　本　24
印　　张　5
字　　数　100千
版　　次　2025年6月第1版
印　　次　2025年6月第1次印刷
书　　号　ISBN 978-7-5728-2000-7
定　　价　35.00元